BEI GRIN MACHT SICH IHR WISSEN BEZAHLT

- Wir veröffentlichen Ihre Hausarbeit, Bachelor- und Masterarbeit

- Ihr eigenes eBook und Buch - weltweit in allen wichtigen Shops

- Verdienen Sie an jedem Verkauf

Jetzt bei www.GRIN.com hochladen und kostenlos publizieren

Lisa Maria Hirschfelder

Aus der Reihe: e-fellows.net stipendiaten-wissen
e-fellows.net (Hrsg.)
Band 650

Krafttraining für Ausdauersportler

Langlauf und Maximalkraft? Triathlon und hohe Gewichte?

GRIN Verlag

Bibliografische Information der Deutschen Nationalbibliothek:

Die Deutsche Bibliothek verzeichnet diese Publikation in der Deutschen Nationalbibliografie; detaillierte bibliografische Daten sind im Internet über http://dnb.d-nb.de/ abrufbar.

Dieses Werk sowie alle darin enthaltenen einzelnen Beiträge und Abbildungen sind urheberrechtlich geschützt. Jede Verwertung, die nicht ausdrücklich vom Urheberrechtsschutz zugelassen ist, bedarf der vorherigen Zustimmung des Verlages. Das gilt insbesondere für Vervielfältigungen, Bearbeitungen, Übersetzungen, Mikroverfilmungen, Auswertungen durch Datenbanken und für die Einspeicherung und Verarbeitung in elektronische Systeme. Alle Rechte, auch die des auszugsweisen Nachdrucks, der fotomechanischen Wiedergabe (einschließlich Mikrokopie) sowie der Auswertung durch Datenbanken oder ähnliche Einrichtungen, vorbehalten.

Impressum:

Copyright © 2013 GRIN Verlag GmbH
Druck und Bindung: Books on Demand GmbH, Norderstedt Germany
ISBN: 978-3-656-37787-0

Dieses Buch bei GRIN:

http://www.grin.com/de/e-book/209834/krafttraining-fuer-ausdauersportler

GRIN - Your knowledge has value

Der GRIN Verlag publiziert seit 1998 wissenschaftliche Arbeiten von Studenten, Hochschullehrern und anderen Akademikern als eBook und gedrucktes Buch. Die Verlagswebsite www.grin.com ist die ideale Plattform zur Veröffentlichung von Hausarbeiten, Abschlussarbeiten, wissenschaftlichen Aufsätzen, Dissertationen und Fachbüchern.

Besuchen Sie uns im Internet:

http://www.grin.com/

http://www.facebook.com/grincom

http://www.twitter.com/grin_com

Krafttraining für Ausdauersportler

Inhalt

Krafttraining für Ausdauersportler 2
Einleitung 3
Die Kraftfähigkeiten 5
    Maximalkraft 5
    Schnellkraft 5
    Reaktivkraft 5
    Kraftausdauer 5
        Exkurs: Krafttraining oder Intensives Ausdauertraining? 5
Physiologischer Hintergrund - Anpassungen an Krafttraining 7
    Welche Anpassungsmechanismen an Krafttraining sind für Ausdauerleistungen relevant? 7
    Effekte von Krafttraining auf die Ausdauerleistung 8
Die Ausdauerfähigkeit 10
Aktuelle Studienlage 11
    Effects of resistance training on endurance capacity and muscle fiber composition in young top-level cyclists 11
    Maximal strength training improves aerobic endurance performance 13
    Maximal Strength Training Improves Running Economy in Distance Runners 14
    Concurrent training in elite male runners: The influence of strength versus muscular endurance training on performance outcomes 15
Praktische Umsetzung - Empfehlungen und Ausblick 16
Quellenangaben 17
    Abbildungsverzeichnis 18

Einleitung

Der menschliche Körper besteht aus insgesamt mehr als 600 Muskeln, die fast die Hälfte des Körpergewichts ausmachen (vgl. Prometheus 2011). Ist die Muskulatur trainiert, werden beispielsweise auf dem Rennrad höhere Geschwindigkeiten durch höhere physikalische Leistung erreicht und das Verletzungsrisiko wie beispielsweise Muskelverspannungen oder Zerrungen beim Laufen sinkt. (vgl. Faigenbaum et al. 2011 & Murgia et al. 2008)

Aus physikalischer Sicht ist „Kraft" gleichzusetzen mit $F = a \times m$, also „Masse" multipliziert mit „Beschleunigung". Kraft stellt somit eine vektorielle Größe dar, die Körper beschleunigen oder deren Form verändern kann. Im Sport treten nach dieser Definition ständig Kräfte auf, die je nach Bereich aus biomechanischer, physiologischer, trainingswissenschaftlicher oder psychologischer Perspektive betrachtet werden. Als grundlegende Definition in der Sportwissenschaft reicht die physikalische Gleichung allerdings nicht aus. Hier ist Kraft „die Fähigkeit des Nerv-Muskel-Systems, durch Muskeltätigkeit Widerstände zu überwinden, ihnen entgegenzuwirken bzw. sie zu halten." (Grosser, Ehlenz & Zimmermann, 1998, 11)

Rein physikalisch gesehen gibt es keine Zweifel daran, dass Ausdauerleistungen eine gewisse *Kraft* benötigen. Im allgemeinen Diskurs sieht dies jedoch oft anders aus, denn werden Bodybuilding und Langlauf nebeneinander betrachtet, so scheint die Diskrepanz einleuchtend: „solche Muskelpakete können für einen Läufer einfach nicht von Vorteil sein!" Wichtig ist in diesem Zusammenhang, dass Krafttraining allgemeiner aufgefasst wird als *Verbesserung der Kraftfähigkeit*, wonach Krafttraining nicht beschränkt ist auf das klassische (Hypertrophie-) Training im Fitnessstudio (vgl. Güllich & Schmidtbleicher 1999). Nach Aagard & Andersen (2011) führt Krafttraining bei Ausdauersportler, deren Trainingsplan trotz der ein oder anderen Krafttrainingseinheit größtenteils durch Ausdauertraining dominiert wird, zu kaum nennenswerten Gewichtszunahmen. Um das Konzept *Kraft* aus sportwissenschaftlicher Perspektive umfassend zu begreifen, wird im Folgenden ein kurzer Überblick über die verschiedenen Kraftfähigkeiten, inklusive kurzem Diskurs zur Kraftausdauer, gegeben. Auch die Ausdauerfähigkeit soll erläutert werden.

Desweiteren sollen folgende Fragen beleuchtet werden: Welche Mechanismen sind als Reaktion auf ein Krafttraining physiologisch relevant für Ausdauerleistungen? Welche anatomisch-strukturellen Veränderungen korrelieren mit einer Verbesserung der Ausdauerleistung?

Anhand von vier ausgewählten Studien wird daraufhin ein Überblick über die aktuelle Studienlage zum Thema *Krafttraining im Ausdauersport* gegeben.

Schlussendlich wartet noch ein kleiner Überblick über die vielfältigen Möglichkeiten der praktischen Umsetzung von Krafttraining im Ausdauersport und wichtige Hinweise zur erfolgreichen Integration des Krafttrainings in die Jahres-Periodisierung anhand des Beispiels Triathlon.

Die Kraftfähigkeiten

Maximalkraft

Die Maximalkraft ist die Basisfähigkeit für alle anderen Kraftfähigkeiten und wird beschrieben als „die höchstmögliche Kraft, die das Nerv-Muskelsystem bei maximaler willkürlicher Kontraktion auszuüben vermag." (Martin et al., 1991, 103 - zitiert nach Weineck, J. 2004)

Schnellkraft

„Schnellkraft ist die Fähigkeit des neuromuskulären Systems, einen möglichst großen Impuls (Kraftstoß) innerhalb einer verfügbaren Zeit zu entfalten." (Güllich & Schmidtbleicher, 1999, 225)

Reaktivkraft

„Reaktivkraft ist die exzentrische und konzentrische Schnellkraft bei kürzester Kopplung beider Arbeitsphasen, also in einem Dehnungs-Verkürzungs-Zyklus. Anders ausgedrückt: Reaktivkraft ist die Fähigkeit, einen Impuls im DVZ zu erzeugen." (Grosser, Ehlenz und Zimmermann 1998, S.71)

Kraftausdauer

„Kraftausdauer wird die Fähigkeit des neuromuskulären Systems bezeichnet eine möglichst hohe Impulssumme (Kraftstoßsumme) in einer gegebenen Zeit gegen höhere Lasten (30 % iFmax) zu produzieren." (Güllich & Schmidtbleicher, 1999, S.225)

Exkurs: Krafttraining oder Intensives Ausdauertraining?

Erwähnt werden muss im Kontext der Kraftausdauer, dass viele populärwissenschaftlich als Kraftausdauer-Trainingsmethoden dargestellte Vorgehensweisen wie 15-minütige Bergintervalle auf dem Rennrad mit „Kette-rechts" (hohe Übersetzungen, niedrige Trittfrequenz) oder stundenlanges Training auf dem Ruderergometer im engeren Sinne nicht auf die Verbesserung der Kraftausdauer abzielen, sondern vielmehr ein intensives Ausdauertraining darstellen. Zwar sind hierbei die Widerstände, gegen die gearbeitet wird (bei Sandig et al. (2008) 300-400 Watt Dauerbelastung) erhöht, jedoch noch nicht hoch genug, als dass es sich per definitionem um Kraft-Training handelt.

Zur Abgrenzung der Kraftausdauer von der reinen Ausdauer heißt es bei Sandig (2006), dass die „höheren Lasten bei mindestens 50% der individuellen Maximalkraft" liegen sollten, während bei Weineck „30% des isometrischen Kraftmaximums" definiert werden und Fröhlich feststellt, dass die anaerob-laktazide Energiebereitstellung determinierend für ein Kraftausdauer-Training ist und daher sogar „äußere Widerstände von über 50% der Maximalkraft" erfordert. Erst dann kommt es über einen Zeitraum von 1-2 Minuten zur Verstoffwechselung energiereicher (Kreatin-)Phosphate sowie dadurch ansteigenden Laktat-Konzentrationen (lokal >4mmol/l = anaerobe Schwelle), da erst bei einer Kontraktion von ca. 50% der Maximalkraft die Durchblutung (und damit die Nachlieferung von ATP) durch Komprimierung der Blutgefäße komplett unterbunden ist. Jede Belastung, die länger andauert, erfordert den oxidativen Abbau von Kohlenhydraten und Fettsäuren und ist damit eine Ausdauerleistung.

(vgl. Duale Reihe Physiologie 2009)

Physiologischer Hintergrund - Anpassungen an Krafttraining

Welche Anpassungsmechanismen an Krafttraining sind für Ausdauerleistungen relevant?

Krafttrainingsreize führen zu diversen Anpassungsmechanismen im menschlichen Körper (Muskelgewebe, Nervensystem, Knochen-, Knorpel-, Fett- und Bindegewebe, Hormon-, Herzkreislauf-, Verdauungs- und Immunsystem). Von diesen sind jedoch bei weitem nicht alle Effekte gut untersucht. Im Folgenden werden aufgrund der gut belegten Relevanz für den Ausdauersport die Anpassungen des Muskelgewebes sowie des Nervensystems genauer erläutert.

Muskelgewebe

Transformation von Typ IIX in Typ IIA Fasern
Sarkoplasmatische und Myofibrillare Hypertrophie
↑ Muskelmasse
↑ Muskelquerschnitt
↑ Fiederungswinkel
↑ Intrazelluläre Fette
↑ Intrazelluläres Glykogen
↑ Intrazellulärer Phosphatpool
↑ ATP-Energieflußrate
↑ Creatin-Phosphokinase
↑ Myokinase
↑ Anrdrogenrezeptoren
↓ Kapillardichte nach IK-Training
↑ Kapillardichte nach KA-Training
↓ Mitochondriendichte nach IK-Training
↑ Mitochondriendichte nach KA-Training

Nervensystem

bessere Regulierung der Aktivität der Golgi-Sehnen-Organe
↑ IEMG Aktivität
↑ Aktivierungsrate der motorischen Einheiten
↑ Reflexfaszilitation der Motorischen Einheiten
↑ Koordination von antagonistischen Muskelgruppen
↑ Kontralateraler Transfer
↑ Synchronisation motorischer Einheiten
↑ Rekrutierung motorischer Einheiten mit hoher Rekrutierungsschwelle

(vgl. Bucaz, Skript zur Vorlesung „Bewegung und Training")

Effekte von Krafttraining auf die Ausdauerleistung

Nach Aargard & Andersen (2010) sind einige der oben aufgezählten Mechanismen besonders relevant für die Ausdauerleistung. Veranschaulicht wird dies in dem folgenden Schaubild:

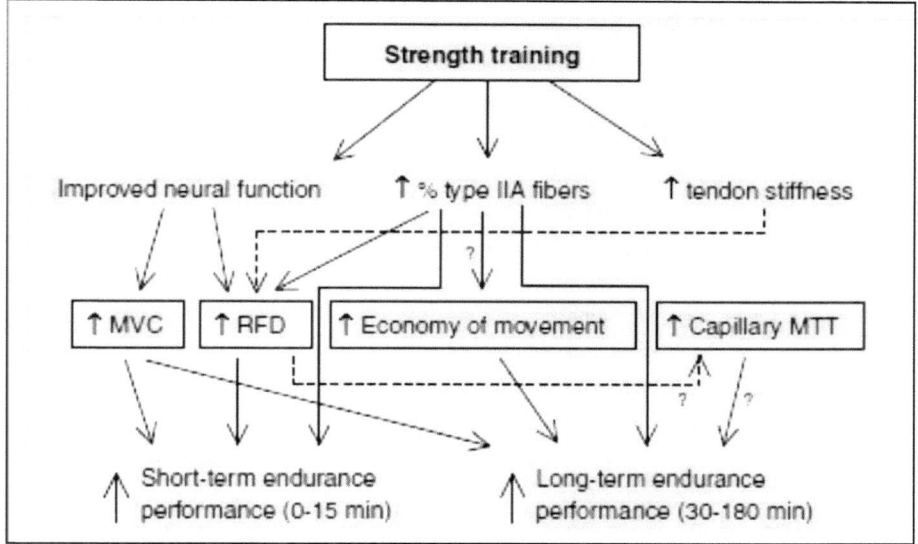

Abbildung 1 Aagaard & Andersen (2010)

Krafttraining wirkt demnach sehr vielfältig auf mehreren Ebenen, die sich gegenseitig bedingen. Die erste Zeile der Abbildung zeigt die anatomisch-strukturelle und physiologische Ebene. Hier werden zunächst Veränderungen der Muskelfaserverteilung genannt. Es lässt sich ein Anstieg in Typ IIA Muskelfasern zu Lasten der Typ IIX Fasern verzeichnen. Im Vergleich zu den sehr schnellen Typ IIX Fasern sind die schnellen Typ IIA Muskelfasern weniger ermüdbar bei weniger hohem Energieverbrauch und hoher kontraktiler Kraft. Außerdem verbessern sich neuronale Funktionen, wie bereits oben aufgezählt sowohl spinale als auch supraspinale Prozesse, und die Sehnensteifigkeit steigt. Letzteres führt möglicherweise durch eine zügigere Kraftübertragung vom Muskel über die Sehne auf den Knochen zu einer höheren Rate of Force Development (RFD) pro Querschnitt in den ersten Millisekunden der Muskelkontraktion.

Auf der zweiten Ebene werden die körperlichen Anpassungen zu den Effekten des Krafttrainings in Bezug gesetzt. Die verbesserte neuronale Regulierung führt so zu einer verbesserten Maximalkraft, also zu einem Anstieg der maximal möglichen willkürlichen Kontraktion (MVC - maximal voluntary contraction), und der Explosivkraft, messbar gemacht durch die Kraftentwicklungsrate (rate of force developement - ΔKraft / ΔZeit), das heißt, es kann mehr Kraft in einem gegebenen Zeit-Intervall entwickelt werden. Andersen & Aagard (2010) vermuten, dass dadurch die Muskelfaserermüdung bei gleichbleibendem Krafteinsatz reduziert und die Entspannungszeit pro Arbeitszyklus verlängert wird. Ein weiterer wichtiger Aspekt ist die durch Krafttraining verbesserte Bewegungsökonomie, die zu herabgesetztem Sauerstoff-Verbrauch, niedrigerer Herzfrequenz und reduzierter Laktat-Konzentration im Blut führt. Noch hypothetisch bleibt die These, dass Krafttraining zu einer verlängerten Kapillarpassage führt, wodurch die Diffusion freier Fettsäuren aus der Kapillare zur Muskelfaser erleichtert und der Abtransport von Stoffwechselmetaboliten verbessert wird.

Auf der dritten Ebene der Abbildung wird letztlich der Effekt dieser Anpassungen an das Krafttraining auf die Ausdauerleistung dargestellt. Sowohl die Ausdauerleistung in Kurzzeit- (unter 15 Minuten Belastung) und Langzeitausdauerdisziplinen (mehr als 30 Minuten Belastung) wird sowohl bei gut Trainierten als auch bei Elite-Leistungssportlern deutlich verbessert.

Die Ausdauerfähigkeit

Ausdauersportler verfolgen das Ziel „eine bestimmte Leistung über einen möglichst langen Zeitraum aufrechterhalten zu können" (Martin et al. 2001, 173). Als Trainingsziele gelten somit unter anderem die Erhöhung der psycho-physischen „Ermüdungswiderstandsfähigkeit" und die schnelle Regenerationsfähigkeit (Weineck 2003, 141).

Zu den grundlegenden Trainingsmethoden im Ausdauersport, beispielsweise bei Langstreckenläufern, gehören beispielsweise Wiederholungsläufe, extensive Dauerläufe und Intervalleinheiten. Bis vor wenigen Jahren las man in der Literatur selten von Krafttrainingsempfehlungen im Ausdauersport-Bereich. Größtenteils lag der Fokus beispielsweise auf Stabilitäts-Training, um das Rennrad auch in Kurven zu beherrschen. Dies ist jedoch nicht zum klassischen Begriff des Krafttraining zu zählen.

Nimmt man jedoch beispielsweise die Trainingsbibel für Triathleten von Joe Friel (2009) zur Hand, stößt man auf ein ganzes Kapitel, das einzig dem Krafttraining gewidmet ist. Hierbei geht es nicht nur um Verletzungsprophylaxe, sondern vielmehr auch um die Ausschöpfung des individuellen Potentials zur Ausdauerleistung durch ein periodisiertes ganzjähriges Krafttraining.

Viele aktuelle Studien (von denen im Folgenden vier eingehender beleuchtet werden) weisen darauf hin, dass ein über mehrere Wochen konsequent durchgeführtes Krafttraining dazu führt, dass die Probanden ihre TTE (time to exhaustion) erhöhten, d.h., dass sie mit einer bestimmten Intensität länger bis zur Erschöpfung durchhielten.

Dieses könnte insbesondere bei sehr gut trainierten Leistungssportlern eine wichtige Rolle spielen, da hier eine Leistungssteigerung durch Erhöhung der Trainingsumfänge kaum noch erzielt werden kann.

Aktuelle Studienlage

Positive Einflüsse eines maximalkraftorientierten Trainings auf Ausdauersportarten wie Triathlon, Straßenradsport oder den leichtathletischen Langstreckenläufen werden in diversen aktuellen Studien angedeutet. Im Folgenden werden vier dieser Studien genauer erläutert.

Effects of resistance training on endurance capacity and muscle fiber composition in young top-level cyclists

- vgl. Aagard & Andersen (2010) -

In dieser Studie wurden Profi-Rennrad-Fahrer über 16 Wochen lang untersucht. Die Experimentalgruppe absolvierte neben dem normalen Ausdauertraining (10-18h nach periodisiertem Schema) zusätzlich noch 2-3 Mal pro Woche ein Krafttraining mit je 4 Sätzen bei 4 Übungen für die untere Extremität à jeweils 10-12 Wiederholungen. Auch das Krafttraining unterlag einer genauen Periodisierung (bzgl. Frequenz des Trainings, Intensität und Dauer).

Die Kontrollgruppe durchlief ein in Intensität und Umfang der Experimentalgruppe vollkommen gleiches Ausdauertraining.

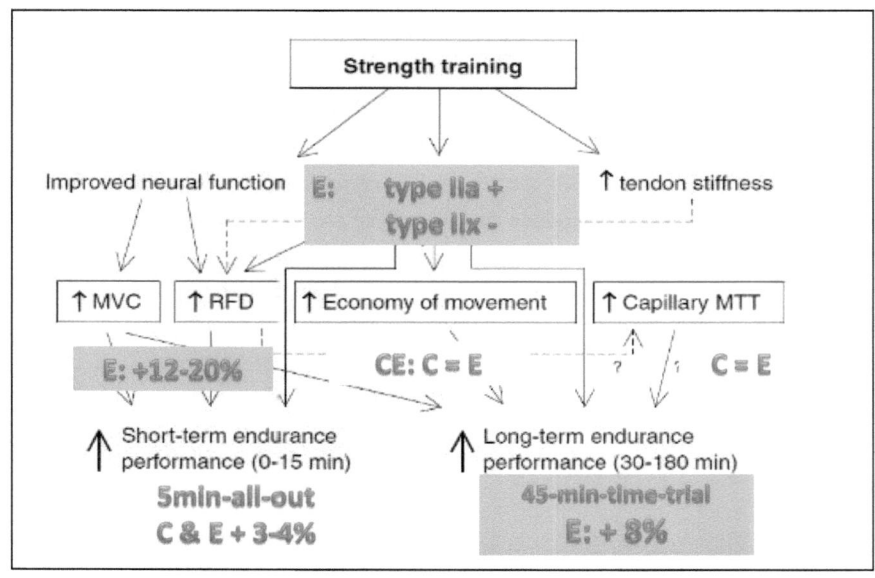

Abbildung 2 verändert nach Aagaard & Andersen (2010)

Durch Abbildung 2 lassen sich die Ergebnisse übersichtlich zusammenfassen. Bei der Experimentalgruppe (=E), die Kraft- und Ausdauertraining absolvierte, ließ sich durch Biopsie-Entnahme aus dem M. vastus lateralis eine signifikante Veränderung der Muskelfaserverteilung feststellen. Auf der folgenden Abbildung 3 wird der Anstieg in Typ IIA Muskelfasern zu Lasten der Typ IIX Fasern ersichtlich.

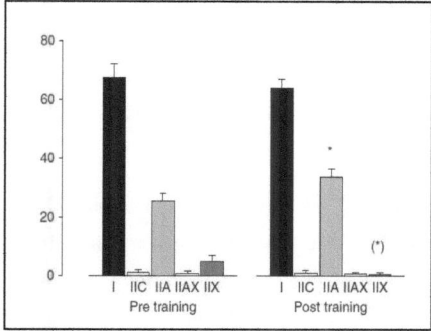

Abbildung 3 Aagaard & Andersen (2010)

In der Experimentalgruppe konnte im Vergleich zur Kontrollgruppe (=C), in der es keine Veränderungen diesbezüglich gab, eine deutliche Zunahme der „maximal isometric quadriceps muscle strength (MVC)" um 12% beobachtet werden sowie eine Kapazitätssteigerung der „peak contractile rate of force developement" um 20%. Auch der Effekt auf die Ausdauerleistung war beachtlich. Bei dem 45-minütigem Zeitfahren verbesserte sich diese um 8 % in der Experimentalgruppe, während sie bei der Kontrollgruppe statistisch unverändert blieb (vgl. Abbildung 4).

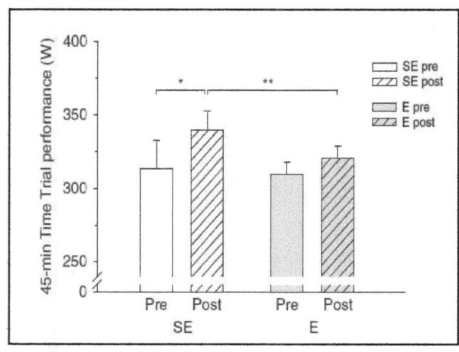

Abbildung 4 Aagaard & Andersen (2010)

Maximal strength training improves aerobic endurance performance
- vgl. Hoff et al. (2002) -

Ziel dieser 8-wöchigen Studie war die Untersuchung von zusätzlichem Krafttraining auf die Ausdauerleistung bei Profi-Langläufern mit Betonung der neuronalen Anpassungsmechanismen. Das Krafttraining bestand aus 3 Trainingseinheiten pro Woche mit jeweils 3 Sätzen à 6 Wiederholungen mit 85% des Einer-Wiederholungsmaximums mit maximaler Mobilisierung in der konzentrischen Phase an einer Zugseil-Maschine, die die Langlauf-Bewegung simuliert. Das Ausdauertraining betrug in Experimental- sowie Kontrollgruppe jeweils knapp 10h pro Woche.

Die Ergebnislage nach den 8 Wochen war eindeutig (vgl. Abbildung 5). Beim One-Repetition-Maximum wurde in der Experimentalgruppe eine Verbesserung von knapp 10% gemessen und die Peak Force bei 80% des One-Repetition-Maximums stieg um 24% (während sich die Kontrollgruppe bei beiden Parametern nicht signifikant steigern konnte). Auch bezüglich des Übertrags auf die Kurzzeit-Ausdauerleistung zeigen die Ergebnisse des time-to-exhaustion-Tests eine Verbesserung von 10% im Vergleich zur Kontrollgruppe.

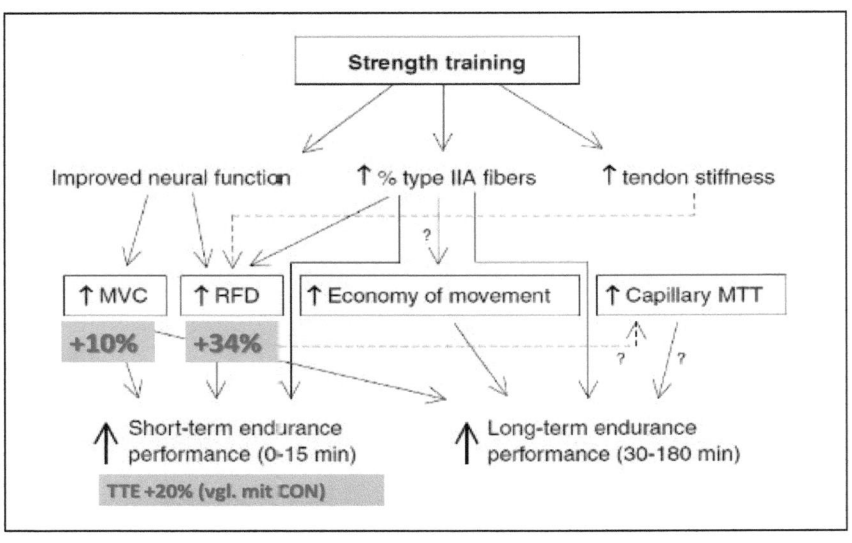

Abbildung 5 verändert nach Aagaard & Andersen (2010)

Maximal Strength Training Improves Running Economy in Distance Runners

- vgl. Stoeren et al. (2008) -

Ziel dieser 8-wöchigen Studie war die Untersuchung von zusätzlichem Krafttraining auf die Ausdauerleistung bei 17 Profi-Langstrecken-Läufern mit Betonung der neuronalen Anpassungsmechanismen. Das Krafttraining bestand aus 3 Trainingseinheiten pro Woche mit jeweils 3 Sätzen à maximal 4 Wiederholungen (halbe Kniebeugen). Das Ausdauertraining wurde mit dem gewöhnlichen Lauftraining fortgesetzt, wobei die Kontrollgruppe nur Lauftraining mit gleicher Stundenanzahl und gleicher Intensität wie die Experimentalgruppe absolvierte. Die Ergebnisse sind in Abbildung 6 zusammengefasst.

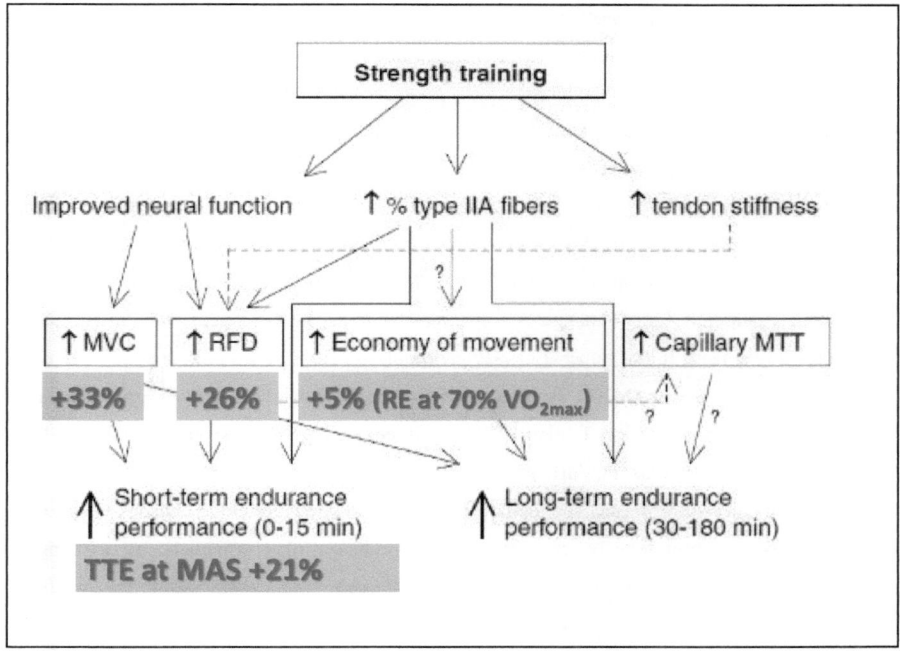

Abbildung 6 verändert nach Aagaard & Andersen (2010)

Das „one repetition maximum" (MVC) stieg in der Experimentalgruppe um 33%, während sich die "rate of force development (RFD) in half-squats" um 26% verbesserte. Auch die Laufökonomie verbesserte sich bei 70% der maximalen Sauerstoffaufnahme um 5%. Schlussendlich wurde auch bei der Kurzzeitausdauer im „time to exhaustion"-Test bei maximaler aerober Geschwindigkeit eine Leistungssteigerung um 21% verzeichnet.

Concurrent training in elite male runners: The influence of strength versus muscular endurance training on performance outcomes

- vgl. Sedano, Silvia, et al. 2013 -

In letzter Zeit wird im Bereich der Krafttrainings-Forschung das Augenmerk vermehrt auf die Kompatibilität von aeroben und anaeroben Trainingsmodalitäten gelenkt. Doch nur in wenigen dieser Studien wurden Daten in Bezug auf bereits sehr gut ausgebildete Läufer gesammelt, wodurch eine potenzielle Beschränkung der Studienaussagen entsteht. Aufgrund der begrenzten Datenlage im Bereich der Wettkampf-Athleten, war das Hauptziel dieser Studie festzustellen, in wie weit Verbesserungen der Laufleistung bei gut trainierten Läufern durch Krafttraining zu erzielen sind. Achtzehn gut ausgebildete Läufer (Alter $23,7 \pm 1,2$ Jahre) mit einer maximalen Sauerstoffaufnahme (VO2max) höher als 65 ml/kg · min wurden nach dem Zufallsprinzip einer von drei Gruppen zugeordnet: Endurance-only-Group (EG; n = 6), die weiterhin ihr übliches Training ausübte, welches ein allgemeines Kräftigungs- und Stabitraining mit Thera-Band und Ausdauertraining umfasste; eine Strength-Group (SG; n = 6), die Krafttraining, plyometrisches Training und Ausdauertraining kombinierte; Endurance-Strength Group (ESG; n = 6), die Ausdauer-Krafttraining mit Lasten von nur 40% und Ausdauertraining durchführte. Die Studie umfasste 12 Wochen Training, in dem die Läufer 8 mal pro Woche (6 Ausdauer-Sessions und 2 Kraft-Sessions) trainierten. Die Probanden wurden zu mehreren Zeitpunkten getestet mit verschiedenen Testverfahren (von der Höhe des Counter Movement Jumps, über Einer-Wiederholungs-Maxima, Laufökonomie, VO2max, maximale Herzfrequenz (MHF), Spitzengeschwindigkeit, Bewertung der wahrgenommenen Anstrengung bis hin zu 3-km-Testlauf. Die signifikanten Ergebnisse ($p < 0,05$) zeigten, dass „concurrent training" klar im Vorteil ist. Sowohl in der SG und der ESG-Gruppe führte das Training zu einer verbesserten Maximalkraft, subjektiv als geringer eingeschätzter Belastung, besserer Laufökonomie und höherer Spitzengeschwindigkeit ohne erhebliche Auswirkungen auf die VO2-Kinetik-Muster. Die SG-Gruppe zeigte zusätzlich auch die größten Verbesserungen bei dem 3-km- Test.

Praktische Umsetzung - Empfehlungen und Ausblick

Schlussendlich muss man sich fragen, welche Form des Krafttrainings nun für Ausdauersportler am sinnvollsten ist. Zunächst sollte man nach Friel (2009) einige Grundregeln beim Krafttraining beachten. Nach einer Warm-Up-Phase sollte der Fokus der Übungen auf den Agonisten des jeweiligen Sports liegen. Im Triathlon sind dies beispielsweise der M. quadriceps und die Mm. glutei für das Rennrad-Fahren und der M. latissimus dorsi sowie die Mm. pectorales für das Schwimmen. Auch sollten die Positionen und Bewegungen im Krafttraining möglichst die Ziel-Bewegungen der jeweiligen Sportart nachahmen (z.B. bei Kniebeugen Füße in Pedal-Abstand auseinander stellen). Muskuläre Ungleichgewichte, wie zum Beispiel auch vernachlässigte Rücken- und Bauch-Stabilität, das Durchführen zu vieler verschiedener Übungen und Eingelenk-Übungen sollten vermieden werden.

Gemäß den vorliegenden wissenschaftlichen Studien scheint insbesondere eine Steigerung der Maximal- und Explosivkraft die größten Erfolge zu bringen. Dabei sollte zum Beispiel durch einen Dauerlauf nach dem Krafttraining sichergestellt sein, dass es nicht zu starker Hypertrophie kommt. Vorrangig sind im Krafttraining neuronale Anpassungen erwünscht, so dass im Training möglichst eine vollständige und rasche Aktivierung des Motoneuronenpools angestrebt werden sollte (vgl. Sandig & Fröhlich 2007). Um dies zu erreichen, sollten Gewichte verwendet werden, die 90-100% des 1RM (Einer-Wiederholungsmaximum) betragen. Durch einen möglichst steilen Kraftanstieg zu Beginn wird die gewünschte schnelle Aktivierung erzeugt.

Ein solches Training ist erst sicher möglich, wenn der Sportler Erfahrungen im Krafttraining gesammelt hat. Daher ist die ganzjährige Durchführung des Krafttrainings unter Verwendung einer umfassenden Periodisierung qualitativer Methoden wichtig. Diese Periodisierung sollte in Einklang mit der jeweiligen Periodisierung des Ausdauertrainings gebracht werden.

Quellenangaben

Aagaard, P., Andersen, J. L., Bennekou, M., Larsson, B., Olesen, J. L., Crameri, R., ... & Kjær, M. (2010). Effects of resistance training on endurance capacity and muscle fiber composition in young top-level cyclists. *Scandinavian journal of medicine & science in sports, 21*(6), e298-e307.

Baenkler, H. W., & Arastéh, K. (2009). *Duale Reihe Innere Medizin*. Thieme.

Bukac, D. Skript „Kraft" zur Vorlesung „Bewegung und Training"

Bührle, M., & Schmidtbleicher, D. (1981). Komponenten der Maximal-und Schnellkraft. *Sportwissenschaft, 11*(1), 11-27.

Ehlenz, H., & Zimmermann, E. (1998). Krafttraining: Grundlagen, Methoden, Übungen, Leistungssteuerung, Trainingsprogramme (6., erw. Aufl.). *BLV Sportwissen*.

Faigenbaum, A. D. 2011 Northland Regional Chapter of the ACSM Pediatric Resistance Training: Beyond Sets and Reps.

Friel, J. (2007). *Die Trainingsbibel für Triathleten*. Covadonga.

Fröhlich, M., Schmidtbleicher, D., Emrich, E., & Coen, B. (2003). Metabolische und kardiovaskuläre Beanspruchung bei spezifisch trainierten und untrainierten Männern im Kraftausdauertraining. *Deutsche Zeitschrift für Sportmedizin, 54*(12), 355-360.

Fröhlich, M., Schmidtbleicher, D. (2003). Belastungsintensität und Wiederholungszahl in Abhängigkeit von der Trainingsspezifik im Krafttraining. *Brüggemann, G.-P., More-Klapsing, G.(Red.): Biologische Systeme Mechanische Eigenschaften und ihre Adaptation bei körperlicher Belastung. Czwalina Verlag, Hamburg*, 54-58.

Fröhlich, M., & Schmidtbleicher, D. (2008). Trainingshäufigkeit im Krafttraining–ein metaanalytischer Zugang. *Deutsche Zeitschrift für Sportmedizin, 59*(2), 34-42.

Güllich, A. & Schmidtbleicher, D. (1999). Dimensionen des Kraftverhaltens. *Orthopädische Praxis, 35*(11), 683-687.

Murgia, C. J., & Dover, D. E. (2009). Proprioception and Resistance Band Training on Injury Prevention in Gymnasts. *Research Quarterly for Exercise and Sport, 1*.

Häkkinen, K., & Komi, P. V. (1985). Changes in electrical and mechanical behavior of leg extensor muscles during heavy resistance strength training. *Scandinavian Journal of Sports Sciences, 7*(2), 55-64.

Hoff, J., Gran, A., & Helgerud, J. (2002). Maximal strength training improves aerobic endurance performance. *Scandinavian journal of medicine & science in sports, 12*(5), 288-295.

Miller, I. L., & Herkimer, J. *Funktionelles Krafttraining für Triathleten*. Meyer Verlag

Pollock, M. L., Feigenbaum, M. S., & Brechue, W. F. (1995). Exercise prescription for physical fitness. *Quest, 47*(3), 320-337.

Schünke, M., Schulte, E., Schumacher, U., Voll, M., & Wesker, K. (2005). *Prometheus: Allgemeine Anatomie und Bewegungssystem*. Thieme.

Ulrich, G. Skript „Ausdauer" zur Vorlesung „Bewegung und Training"

Storen, O., Helgerud, J., Stoa, E. M., & Hoff, J. (2008). Maximal strength training improves running economy in distance runners. *Medicine and science in sports and exercise, 40*(6), 1087.

Sale, D. G. (1994). Neurale Adaptation im Verlaufe eines Krafttrainings. *Kraft und Schnellkraft im Sport*. Köln: Deutscher Ärzte-Verlag, 249-265.

Sandig, D., Wirth, K., & Schmidtbleicher, D. (2006). Trainingswissenschaft und-lehre-Krafttraining im Radsport-ein Diskussionsbeitrag zu Struktur, Anpassung und Trainingsmethoden. *Leistungssport*, *36*(6), 16.

Sandig, D. (2007). *Zur prognostischen Validität von Rahmentrainingsplänen im Radsport*. GRIN Verlag.

Schurr, S. (2003). *Leistungsdiagnostik und Trainingssteuerung im Ausdauersport*. Winterbach

Sedano, S., Marín, P. J., Cuadrado, G., & Redondo, J. C. (2013). Concurrent training in elite male runners: The influence of strength versus muscular endurance training on performance outcomes. *The Journal of Strength & Conditioning Research*.

Weineck, J. (2004). Optimales Training: Leistungsphysiologische Trainingslehre unter besonderer Berücksichtigung des Kinder-und Jugendtrainings. Spitta Verlag GmbH & Co. KG.

Abbildungsverzeichnis

Abbildung 1 Aagaard & Andersen (2010) 8
Abbildung 2 verändert nach Aagaard & Andersen (2010) 11
Abbildung 3 Aagaard & Andersen (2010) 12
Abbildung 4 Aagaard & Andersen (2010) 12
Abbildung 5 verändert nach Aagaard & Andersen (2010) 13
Abbildung 6 verändert nach Aagaard & Andersen (2010) 14